UNTER DER BURKA

Impressum

Verlag Akademie-der-Abenteuer
Boris Pfeiffer, Pfalzburger Straße 10, 10719 Berlin
E-Mail: info@verlag-akademie-der-abenteuer.de

Alle Rechte vorbehalten.
Nachdruck, auch auszugsweise, nicht gestattet.
© Verlag Akademie-der-Abenteuer, Berlin 2021
1. Auflage
Umschlaggestaltung und Satz: Kris Kersting
Herstellung: Verlag Akademie-der-Abenteuer
Druck und Bindung: BoD GmbH, Norderstedt
www.verlagakademie.de

ISBN (print): 978-3-98530-111-9

Printed in Germany

Die Nutzung urheberrechtlich geschützter Texte für die Bühne ist (auch in Auszügen oder Bearbeitungen „frei nach" wie auch bei nicht-kommerziellen Veranstaltungen) genehmigungs- und tantiemepflichtig.
Sie können die Aufführungsrechte beim Verlag Akademie-der-Abenteuer beantragen.
Die Urhebervergütung berechnet sich nach Anzahl der Plätze und der Höhe des Eintrittspreises, beträgt aber mindestens Euro 50,-- zzgl USt. pro Aufführung.

Kontakt für Aufführungen, Lesungen und Veranstaltungen:
info@verlag-akademie-der-abenteuer.de

ANNA TORTAJADA

UNTER DER BURKA

Der Traum von einem sicheren Land

- Theaterstück in einem Akt -

Anmerkung der Autorin

Vor fast 20 Jahren, im Sommer 2000, als in Kabul noch die Taliban herrschten, besuchte ich die afghanischen Flüchtlinge in Peschawar und fuhr für einige Tage nach Kabul. Niemand sprach damals in unserer westlichen Welt von der Lage in Afghanistan. Keiner berichtete über die jahrzehntelange brutale Unterdrückung der Bevölkerung. Überraschend schnell hatten die Taliban ab 1994, mit der Unterstützung der USA, Saudi-Arabiens und der Vereinigten Arabischen Emirate, das Land erobert und die verschiedenen bewaffneten, fundamentalistischen Gruppen beseitigt, die nach dem Rückzug der sowjetischen Truppen 1989 einen Bürgerkrieg führten. Die Machtübernahme der Taliban und die darauf folgende Abschaffung aller bürgerlichen Rechte verursachte eine neue Flut von Flüchtlingen, die jedoch nicht mehr als solche von den internationalen Institutionen anerkannt und versorgt wurden.
Ein Viertel der Afghanen hatte schon das Land verlassen. Die meisten gingen nach Pakistan und Iran, wo sie sich nahe der Grenze niederließen und auf die Möglichkeit warteten, in ihr Land zurückzukehren.
Damals unterhielt ich mich mit vielen dieser Flüchtlinge und mit Frauen, die ein heimliches Netz von Schulen in Afghanistan führten, besuchte verschiedene afghanische Menschenrechtsorganisationen und interviewte ihren Mitarbeiter und auch einigen Behörden und Beamte.

Das Tagebuch dieser Reise (*El grito silenciado*) wurde gleich nach meiner Rückkehr, im Mai 2001 veröffentlicht und in mehrere Sprachen übersetzt. Als dann im Herbst die massiven Bombenangriffe auf Afghanistan begannen, als Vergeltung für den 11. September, wobei in den ersten Tagen über 8.000 Zivilisten starben, schrieb ich für jüngere Leser zusätzlich ein Kinderbuch (¡*Sahar, despierta!*) und einen Jugendroman, *Nahid, meine afghanische Schwester*, der in vielen Gymnasien von Katalonien immer noch als Lesebuch benutzt wird.

Die Einmischung der internationalen Mächte, die nur ihren eigenen geostrategischen und ökonomischen Interessen diente, führte zur Wiederherstellung der Monarchie und angeblich auch der Demokratie im Land. Der König Zahir Khan kam aus seinem Exil in Rom mit den ihm treu gebliebenen Politikern zurück, die sogenannte „Gruppe aus Rom", es wurde eine Übergangsregierung eingesetzt, die für eine neue Verfassung sorgen sollte, und schon am 4. Dezember wurde auf der Afghanistan-Konferenz bei Bonn Hamid Karzei zum Präsidenten ernannt.
Am 9. Oktober 2004 fanden die ersten freien Wahlen in Afghanistan nach dem Sturz des Regimes der Taliban statt, die heute als eine Farce gelten würden.
An diesem Tag der Hoffnung für einen großen Teil der afghanischen Bevölkerung und des Zynismus der Weltmächte, lasse ich Jatira, eine fiktive Figur, aus dem Herzen sprechen, als Vertreterin der vielen unterdrückten Frauen und Männer in Afghanistan, die daran glauben wollten, mit Frieden und Gerechtigkeit ihr Land wieder zu einem sicheren Land aufbauen zu können.

Nichts an meinem Text ist erfunden, er entstand aus den vielen Zeugenaussagen der Frauen, die ich damals in Kabul und in Peschawar traf.

Monolog einer afghanischen Frau in der Stadt Kabul

*Hof eines einstöckigen afghanischen Hauses in Kabul, am 9. Oktober 2004, dem Tag der ersten Wahlen in Afghanistan nach dem Sturz des Taliban-Regimes. Links, wie aus der vierten Wand gesehen, eine Veranda mit einem Teppich und großen Kissen an der Wand. Ein Radiorekorder auf dem Boden. Auf einem Regal ein alter verbrauchter Verbandskasten und ein gefaltetes Wachstuch. Zwei Türöffnungen zum Hof, jede mit einem Vorhang. Auf der gegenüber liegende Seite ein geschlossenes Tor. In einer Ecke des Hofes hinter einem niedrigen Zaun ein kleiner Gemüsegarten. An der hinteren Wand ein Wasserhahn. Darunter ein großes Waschbecken.
Es ist Frühmorgens.*

OFF-ERZÄHLER
Am 11. September 2001 erlitten die Vereinigten Staaten von Amerika ein unerhörtes Attentat. Der Saudi-Araber Osama Bin Laden, Jahre zuvor von der CIA trainiert und zurzeit Gast bei den Taliban, wird zum Anstifter des Attentates erklärt.
Die ausländischen Mächte, die an den verschiedenen Kriegen in Afghanistan beteiligt waren, beginnen am 7. Oktober 2001 den Luftangriff mit massiven Bombardierungen auf Kabul, Kandahar und Dschalalabad, die das Vorrücken der Truppen der Nordallianz begünstigen.
Mit dem Vorwand, die Auslieferung von Bin Laden zu erreichen, wurde Afghanistan wochenlang ununterbrochen bombardiert. Nur in den ersten Tagen sind über 8.000 afghanische Zivile daran gestorben. Zum ersten Mal werden unschuldige Opfern als Kollateralschaden bezeichnet.

Die NATO-Truppen beseitigen die Taliban und setzen eine Übergangsregierung ein, unter dem Vorsitz von Hamid Karzei, die aus den Kriegsverbrecher der verschiedenen fundamentalistischen Fraktionen besteht, die jahrzehntelang das Land zerstört und die Bevölkerung terrorisiert haben.
Am 9. Oktober 2004 finden in Afghanistan die ersten freien Wahlen nach der Talibanherrschaft statt.

Eine Frau, mit einer Burka überzogen, kommt von der Straße her durch das Tor in den Hof. Sie schließt das Tor und hebt den vorderen Teil der Burka über den Kopf.
Sie heißt Jatira und ist um die 50 Jahre alt.

Mutter! Sahar! Ich bin schon wieder da.

Jatira nimmt die Burka ab. Unter der Burka trägt sie das traditionelle afghanisches Kostüm, die weite Hose und das dazu passende lange Kleid. Jatira legt die Burka zusammen. Dabei brummt sie vor sich hin.
Ich hasse es, dass ich nicht den Mut aufbringe, ohne diesen Lappen auf der Straße zu gehen. Aber ich traue ihnen nicht. Noch nicht ... Die Fundamentalisten sind noch überall.
Ich bewundere die Frauen, die keine Angst haben und wieder mit offenen Gesicht herumlaufen. Es ist ja kaum zu glauben, dass ich mich jemals einfach angezogen habe wie ich wollte und so auf die Straße ging.
Nicht einmal einen Kopftuch trugen wir damals.
Wie lange ist es her? Acht Jahre? Zehn?

Jatira geht in eines des Zimmer. Sie ist jetzt nicht zu sehen aber ihre Stimme ist doch zu hören.

Sahar, wenn du wählen willst, solltest du dich bald auf dem Weg machen. Überall bilden sich lange Schlangen. Echt beeindruckend.

Jatira kommt wieder in den Hof und geht zum Waschbecken an der hinteren Wand, wo die Wäsche einweicht. Sie krempelt die Ärmel auf, geht in die Hocke und beginnt, die Wäsche heftig zu reiben.
Wer hätte sagen können, wir würden noch so einen Tag erleben. Nach all diesen dunklen Jahren. Entscheiden zu können. Auswählen und wählen. Es ist nur ein Anfang. Es bleibt doch noch soviel zu tun ... Aber, wie das Sprichwort so schön sagt: „Man kann nicht zwei Honigmelonen mit einer Hand tragen." Alles zu seiner Zeit und eine Sache nach der anderen.
Bis vor kurzem war das Ende des Krieges unvorstellbar. Ein unmöglicher Traum. Noch unvorstellbarer war, an den Sturz der Talibanherrschaft zu denken, die jahrelang so stark von außen unterstützt wurde. Und jetzt, schau mal an, wir haben das ganze Entsetzen überlebt und heute dürfen wir wählen.

Sie geht von Freude zur Überlegung über.
Sicher haben wir einen großen Preis für diesen ersten Schritt in die Freiheit gezahlt. Mit viel Blut. Mit vielen unschuldigen tödlichen Opfern.

Ihr Ton wird ironisch.
Kollateralschaden, nannten es die Amerikaner und ihre Alliierten, während sie uns bombardierten. Als ob wir unter den Taliban nicht genug gelitten hätten. Unter den Taliban und unter den Kriegsherren der Nordallianz, die genauso schlimm sind. Oder sogar schlimmer. Aber sie

haben die schmutzige Arbeit für die Amerikaner gemacht. Deshalb haben wir jetzt dulden müssen, dass sie bei der vorläufigen Regierung die höchsten Posten bezogen haben.

Träumerisch hält Jatira beim Waschen inne.
Ich wünsche mir, die Zeit wäre schon vergangen und der Tag gekommen, um alle diese Kriegsverbrecher so weit wie möglich von der Regierung entfernt und hinter Gittern zu sehen, von einem Gericht verurteilt. Aber wie man es bei uns so schön sagt, es gibt keine Rosen ohne Dornen. So müssen wir empört sehen, wie sie vor den aus dem Ausland gekommenen Beobachtern unverschämt und großmäulig über Demokratie und Menschenrechte reden.
Menschenrechte, die für uns Afghanen nicht gelten …
Solange sie frei herumlaufen und ihre fundamentalistischen Gesetze durchsetzen, solange sie weiter gegen die Verfassung verstoßen und ihre Milizen kommandieren, die stärker und besser bewaffnet sind als die afghanische Armee, wird unsere Bevölkerung nicht in Sicherheit sein.
Sie sind eine ständige Bedrohung.
Und sie haben sich die Frechheit erlaubt, bei den Wahlen zu konkurrieren! Wer soll sie wählen? Wir alle wissen ganz genau, wer sie sind und kennen ihren Verbrechen mehr als genug.
Solange sie immer noch an der Macht sind, werden wir uns nicht erlauben, zu weinen. Uns die grauenhaften und schmerzlichen Erinnerungen und Erfahrungen aus der Seele zu weinen.
Noch halten wir durch.
Ohne uns zu beklagen, um darunter nicht zusammenzubrechen.
Das können wir uns nicht leisten.

Jatira seufzt und steht auf. Sie trocknet sich an ihrem Kleid die Hände ab. Schaut hinter den Vorhang eines der Zimmer.
Sahar, geh schon. Gleich kümmere ich mich um Mutter. Ich will nur noch die Wäsche aufhängen. Mach dir keine Sorgen.

Sie lauscht was Sahar ihr vom Zimmer aus sagt und meckert.
Ich soll endlich mal die Klappe halten ...
Es ärgert sie, dass ich alleine spreche. Sie sagt, so was machen nur verrückte Menschen.
Ich bin aber vollkommen überzeugt, es ist genau das Gegenteil. Wenn ich alleine spreche, wen ich meine Gedanken laut ausdrücke, habe ich das Gefühl, das Vergangene sei weniger grauenhaft ...

Jatira geht zurück zum Waschbecken, dreht den Hahn auf. Es kommt kaum Wasser heraus, das spärlich ins Waschbecken tropft. Sie meckert kurz.
Wie soll ich bei so wenig Wasser mit der Wäsche fertig werden?
Dabei sollte ich darüber froh sein. Oft kommt überhaupt kein Wasser raus ... Es gibt noch so viel zu tun in diesem Land ...
Aber wie lang ist es schon her seit den Bonner Verträgen? Trotzdem gibt es hier, in Kabul, in der Hauptstand, weder Strom noch Wasser.
Ich will mir gar nicht vorstellen, wie es im ganzen Land aussieht.

Jatira bewegt ungeduldig die Waschschüssel unter dem Hahn hin und her, setzt sich daneben auf dem Boden, den Rücken gegen die Wand gelehnt. Ab und zu nimmt sie ein bisschen Wasser in die Hand und kühlt sich damit das Gesicht.

Mensch ist Sahar stur! Sie wird nicht weggehen, bis sie Mutter sauber gemacht und sie reichlich und gründlich behandelt hat. Arme Mutter. Wenn man sie im Krankenhaus aufgenommen hätte als sie verletzt war...
Es war kurz nachdem die Taliban die Stadt besetzten. Damals konnte ich gar nicht ernsthaft glauben, dass alle die unsinnigen Verordnungen, die sie aus dem Ärmel geschüttelt hatten, mit solcher Strenge umgesetzt würden.
Ich brachte Mutter sofort ins Krankenhaus. Dort hatte ich bis vor kurzem gearbeitet. Dort waren noch meine Arbeitskollegen. Nur die Männer. «Jatira, bitte, tue uns das nicht an. Wenn man erfährt, dass wir deine Mutter behandelt haben, können wir hingerichtet werden», sagten sie mir.
Und wir mussten zurück nach Hause.
An dem Tag wurde mir bewusst, dass ein neuer Schrecken begonnen hatte. Als ob wir nicht genug hätten mit dem, was uns plagte seit dem Abzug der sowjetischen Truppen.

Sie klingt jetzt enttäuscht.
Wir hatten damals geglaubt, der Alptraum wäre vorbei. Dass wieder Frieden herrschen würde nach zehn Jahren Krieg gegen die eindringende Armee, die unser Land besetzen wollte nach dem Putsch, nach der Entthronung des Königs und nach Jahren von Krawall und Unruhe unter den prosowjetischen Regierungen.

Jatira dreht den Hahn zu. Sie spannt eine Wäscheleine über den Hof. Dann spült sie die Wäsche durch und hängt sie auf.
Furhan kam von der Font zurück. «Nie werde ich die Gräuel vergessen, die ich in diesem Krieg gesehen habe, Jatira», sagte er zu mir.
Wir wussten noch nicht, was alles wir noch sehen sollten. Wir konnten nicht ahnen was noch auf uns zukommen würde.

Er schlief lange ... Ich weiß nicht mehr wie viele Stunden mein Furhan schlief! Dann stand er auf.
Seine Augen lachten nie mehr. Nie wieder.

Jatira nimmt eine wehmütige Haltung ein.
Er verbrachte viel Zeit zu Hause, mit den Jungen. Und mit Qamar, seiner afghanischen Prinzessin, wie er sie nannte. Er versuchte die verlorenen Jahre nachzuholen, die er nicht bei ihnen war.

Dann wird sie energisch.
Aber die Kriegszeiten waren nicht vorbei.
Die Rädelsführer aller fundamentalistischen Fraktionen, die in den letzten Jahren von der USA und Saudi-Arabien finanziert und bewaffnet worden waren, begannen miteinander um die Macht zu kämpfen.
Alle wollten die Hauptstadt erobern. Alle wollten Kabul.

Und sie fügt ironisch zu:
So sehr begehrten sie sie und wollten sie haben, dass sie sie mit Belagerungen und Bezirkskriegen zerbombten und zusammenschossen.
Mit unerhörter Grausamkeit.

Gleich wird sie wieder wehmütig.
Wir aber versuchten trotzdem weiter ein gewöhnliches Leben zu führen, so gut es eben ging. «Das ist nicht unser Krieg, Jatira», sagte Furhan.
Er wollte nichts davon wissen. Sie kamen. Wollten ihn überreden. Er weigerte sich und sagte nein. Er wäre nur ein Zivilist. Wenn er während des Krieges an die Front gegangen war, dann als Arzt und deshalb, weil wir Afghanen um unser Überleben kämpften, und uns verteidigen mussten. Aber

der neue Krieg war nur ein von Schakalen geführter Streit um die Überbleibsel Afghanistans. Die Überreste von dem, was er am meisten liebte.
An solchen Machtkämpfen wollte Furhan sich nicht beteiligen, um nicht mitschuldig zu werden an dieser heillosen Zerstörung.
Die große Mehrheit der Männer, die gegen die sowjetische Truppen gekämpft hatten, blieb ebenfalls zu Hause.
Nur diejenigen, die auf den Geschmack der Macht gekommen waren, schlossen sich den Truppen der einen oder anderen Dschihadisten an.
(...)
Ja, so gut es ging, versuchten wir weiter unser Leben zu leben.
Jeden Morgen gingen Furhan und ich zur Arbeit ins Krankenhaus. Die Ältesten, die zwei Jungen und das Mädchen schickten wir nach einen spärlichen Frühstück täglich zur Schule. Damals schon hungerten wir. Der Kleine, der zur Welt kam, als die sowjetische Truppen das Land bereits verlassen hatten, blieb bei meiner Mutter.
Wir versuchten, ein normales Leben zu führen ...
Qamar kam immer blass von der Schule zurück. «Mutti», sagte sie oft zu mir, «wir alle geben beim Unterricht weniger acht auf das, was man uns an der Tafel erklärt, als auf die nächste Bombe, ob sie vielleicht auf das Dach der Schule fallen wird.»
Nie bat sie mich oder ihren Vater, zu Hause bleiben zu dürfen. Ihre Freundinnen holten sie jeden Morgen ab und sie gingen zusammen zum Unterricht, sehr stolz, aufrecht, mit erhobenem Kopf, die Bücher in der Schultasche.
«Schau sie dir an», sagte Furhan immer, bevor sie um die Ecke verschwanden, «sie ist genauso wie du, eine echte afghanische Frau.»

Jatira geht zum Tor.
Wir schauten ihr von hier aus nach. Ich lachte, wenn Furhan das sagte.
Dann gingen wir gemeinsam aus dem Haus, zum Krankenhaus.
Mein lieber Furhan ...

Jatira kommt zurück zum Waschbecken und geht in die Hocke. Bleibt kurz so, überwältigt. Sie spült noch ein Stück Wäsche, steht wieder auf und hängt es auf die Leine.
Er war nicht mein Cousin oder der Sohn von Freunden meiner Eltern, und unsere Ehe wurde nicht von unseren Tanten und Großmüttern beschlossen, wie es früher Sitte war. Und wie man in den vielen Jahren von Fundamentalismus und Zwangsehen weiter gemacht hat. Aber als ich jung war durchwehte das Land und besonders die großen Städte ein Hauch von Freiheit.
Wie gern habe ich ihn auf dem Universitätsgelände beobachtet, immer in Gespräche mit anderen Studenten verwickelt. Mir schien es immer, sie regten ganz wichtige Fragen an, so ernst waren sie, so versunken.
Fareshta sagte zu mir: «Jatira, der da mit dem lockigen Haar schaut immer zu dir, wenn wir vorbeigehen.»
Ich wusste es schon lange.
Ich schaute auch immer zu ihm hin.

Jatira lächelt spitzbübisch.
Wir hatten auch schon ein paar Mal miteinander gesprochen. Aber ich hatte es Fareshta gar nicht erzählt. Es freute mich, zu glauben, es wäre ein Geheimnis, das nur wir beide, er und ich, teilten, und deshalb wollte ich es mir nicht anmerken lassen: «Quatsch! Warum sollte er überhaupt? Er ist mit dem Studium fast fertig.»

Die Verlobung fand mit dem Einverständnis unserer Eltern statt und wurde haargenau wie die alten Feierlichkeiten abgehalten.
Sein Vater kam zu uns und schlug meinen Eltern die Trauung vor. Sie lehnten sie ab, so wie es sich beim ersten Mal gehört, aber meine Eltern schickten ihnen dann ein Päckchen Zuckerwerk, das die Familie der Verehrer ermuntern sollte, dabei zu bleiben.
Es wurde groß gefeiert.

Jatira tanzt einige Schritte Attan durch den Hof und zählt dann auf.
Es fehlte an nichts. Musiker, Süßigkeiten, Reis mit Rosinen, Geschenke ...
Von dem Tag an und bis zur Hochzeit, die ein Jahr später stattfinden sollte, durften wir uns offiziell sehen und treffen. Auf den Dörfern war es nicht so. Auf den Dörfern und dort, wo immer noch nur die Familien die Verlobung ausmachen, dürfen die zwei sich bis zur Hochzeit nicht wiedersehen.
So war es immer. So haben meine Eltern heiratet.
Sie kannten sich schon, weil sie miteinander verwandt waren und sie mochten sich gegenseitig. Aber sie waren nicht ineinander verliebt. «Man lernt sich gern haben», erzählte Mutter. «Und sich schätzen. Lernt die Schwächen des Anderen kennen. Und seine Träume.»
Mutter war am meisten begeistert, als ich von Furhan erzählte. Sie setzte sich zu mir und fragte mit glänzenden Augen: «Sag mal, mein Kind, wie ist es, verliebt zu sein?»

Jatira kehrt voller Sehnsucht zum Waschbecken zurück. Mit einem Plastikbecher schöpft sie Wasser aus dem Waschbecken und gießt damit die Pflanzen des Gemüsegartens in der Ecke des Hofes.

Mit den gleichen glänzenden Augen bat mich Jahre später meine Qamar wiederholt, zu erzählen, wie ihr Vater und ich uns kennengelernt hatten.
Sie hielt es für ein Märchen, denn sie wurde im Jahr vor dem sowjetischen Einmarsch geboren und als sie in dem Alter war, über die Jungen und solche Sachen nachzudenken, waren wir schon in der Hölle des Bürgerkrieges und des Kampfes, den die fundamentalistischen Fraktionen um Kabul führten.
Und danach ...

Jatira ist auf einmal traurig.
Ich will daran nicht denken.

Jatira nimmt die leere Waschschüssel und stellt sie wieder unter den Hahn an der Wand. Sie greift dann zu dem Buchsbaumbesen ohne Stil, schiebt die Kissen auf der Veranda zur Seite und beginnt den Teppich zu kehren, barfuß und in der Hocke.
Viele flohen, als Massud, seine Häscher und seine damaligen Kriegsverbündete sich Kabuls bemächtigten.
Sahar erzählte, draußen im Westen hielt man Massud für einen Helden, den Verteidiger der Freiheit, nur, weil er gegen die Taliban kämpfte.

Sie spottet ironisch, empört und sauer.
Ein Held!
Eine blutrünstige Bestie war er.
Genauso wie die anderen, seine früheren Feinde, Dostam, Hekmatyar, Sayyat, Rabbani ... Alle miteinander ein Rudel Dschihadisten, grausame und perverse Fundamentalisten, die jetzt bei den Wahlen unverschämt gegeneinander antraten.
Jatira schüttelt den Kopf, als ob sie es nicht glauben konnte.
Der Löwe von Pandschschir, nannte er sich. Anscheinend hatte er im Westen einen makellosen Ruf. Nur weil Frankreich

ihn mit Waffen und Geld unterstütze. Dann wurde er kurz vor dem 11. September der Amerikaner ermordet.
Aber vorher hat man ihn noch in Paris empfangen. Mit allen Ehren.
Und im Europäischen Parlament. Mit roten Teppich.
Ganz wie man einen Held empfängt. Was für eine Schande!
Die da draußen wissen gar nichts von uns. Und ich glaube, es ist ihnen egal. Eins aber ist klar: wenn die von der Nordallianz so gute Menschen wären, wie sie sagen, warum flohen so viele Tausende aus dem Land, als ihre Truppen Kabul eroberten?
Sie waren der reinste Terror. Man hat sich vor ihnen gefürchtet.
Mit Recht.
Unter der Menge der Flüchtlinge, die sich Hals über Kopf nach Pakistan davonmachten, war auch Sahar. Es war unmöglich sie dazu zu überreden, die Flucht zu verschieben, bis das Kind geboren wäre.
Stur, wie sie ist, wollte sie auf niemanden hören. Nicht einmal ihr Mann konnte sie überzeugen.
Sie verließen Kabul zusammen mit seinen Eltern und Geschwistern.
Sie wollten zu Verwandten, die lange zuvor nach Pakistan geflohen waren und dort immer noch als Flüchtlinge lebten. Bei Peschawar, auf der anderen Seite der Grenze.
Sie flohen zu Fuß.
Sahar hatte dabei das Kind verloren.
Da, im Straßengraben liegend.
Die Leute eilten an ihr vorbei.
Jatira schweigt
Nie wird Sahar wieder Kinder kriegen. Beinahe wäre sie an den Blutungen und den anschließenden Komplikationen gestorben. Aber sie kam durch.

«Ich bin dickköpfiger als der Tod», sagte sie zu mir viel später, als sie es mir erzählte.
Und es stimmt. Sie ist es.

Jatira lacht.
Wir haben ihrer Sturheit viel zu verdanken …

Sie schaut in Richtung des Zimmers.
Sahar, beeil dich!

Sie kehrt weiter den Teppich.
Erst die Dchihadisten … Dann die Taliban … Es war als ob das Grauen nie ein Ende hätte … Was uns die Dchihadisten angetan haben … Was sie den Männern und Frauen Afghanistans angetan haben …

Jatira kehrt kräftig, mit Wut.
Sie nahmen die Mädchen von zu Hause weg. Junge Mädchen. Auch kleine, die noch nicht in der Pubertät waren. Man fand sie, wenn man sie fand, einige Tage danach, nackt auf der Straße, auf den Boden geworfen wie Abfall. Die Dchihadisten vergewaltigten sie, eins nach dem anderen, bis sie in ihren Händen starben, und dann warfen sie ihre kleinen zerrissenen Körper fort, egal wohin.
Wir fürchteten uns so sehr, dass wir beschlossen, Qamar sollte nicht mehr zur Schule gehen. Es war zu gefährlich.
Es war auch aussichtslos, sie überallhin zu begleiten. Wenn ein Dchihadist, selbst auf der Straße, ein Mädchen wollte, musste ihr Vater, ihr Bruder oder der, der sie begleitete ihm das Mädchen liefern, oder er wurde auf der Stelle erschossen und das Mädchen verschwand.
Ein Alptraum.
Wenn wir nur schon damals geflohen wären.

Aber wir sind trotzdem geblieben.

Schicksalsergeben sagt sie nur:
Man kann es nicht wieder gut machen. Es hat keinen Sinn, darüber zu klagen. Man kann es nicht ändern.

Jatira spricht weiter vor sich hin, jetzt aber ohne Leidenschaft.
Als die Dchihadisten die Stadt einnahmen, mussten wir lernen, mit dem Shador, dem Kopftuch umzugehen. Mutter zeigte es uns. Mir und Qamar. Ehrlich gesagt lachten wir dabei viel, wir kamen uns sehr komisch vor und wir taten uns schwer. Es fiel uns ständig vom Kopf herunter ...
Mutter lachte nicht mit.
Sie hatte so fest an die Modernisierung Afghanistans geglaubt. Mehr als Vater war sie es, die Sahar und mich ermutigt hat, die Universität zu besuchen.
(...)
Und jetzt, nach allem was sie uns angetan haben, diese Herren des Krieges, laufen sie überall frei herum, als ob sie Prinzen wären. Nachdem sie das Land und uns zerstört haben, müssen wir sie als Kandidaten bei der Wahlen sehen.
Sie haben die Macht behalten. Niemand stellt sie in Frage. Niemand entwaffnet ihre Räuber- und Plünderertruppen. Niemand hat sie wegen ihrer Kriegsverbrechen festgenommen.
Im Augenblick fehlen der Regierung in Kabul jegliche Mittel. Sie aber, die Verbrecher haben lauter Container vollgestopft mit Dollars, die sie weiter mit dem Opium verdienen, und die Unterstützung der Vereinigten Staaten, weil sie für sie die schmutzige Arbeit am Boden machten, während die Amerikaner das Land bombardierten, um Bin Laden zu suchen.
Niemand legt sich mit solchen Mördern an, die in den verschiedenen Regionen Afghanistan herrschen. Niemand sagt

ihnen etwas, obwohl sie trotz der neuen Verfassung den Verkauf kleiner Mädchen erlauben, die Entführungen und die Zwangsehen, die Anschläge auf Schulen und Lehrerinnen, damit die Mädchen nicht wieder zur Schule gehen. Wenn sie im Parlament mit dem Tod die abgeordnete Frauen drohen und weiter ihre Geschäfte mit dem Opium machen.

Jatira ordnet wieder die Kissen und lehnt sie an der Wand. Unter einem Kissen taucht einen Schulranzen auf.
Ach, dieses Kind! Hier muss sie den Schulranzen liegen lassen? Sie wird ganz schön was zu Hören kriegen, wenn sie nach Hause kommt!
Mit großen Herzeleid schickte ich meine Lala heimlich zur Schule während der Talibanzeit. Ich wollte immer hier sein, wenn sie zurück kam, um sicher zu gehen, dass alles gut gelaufen war. Dass die Taliban sie nicht erwischt hatten. Dass alles, noch für einen Tag, in Ordnung war.
Ich musste für Lala Vater und Mutter sein.
Als sie geboren wurde, hatten die Dchihadisten meinen Furhan schon getötet.
Seit die Schulen wieder auf sind und wir uns langsam von den furchtbaren Jahren erholen, geht das Mädchen wieder zum Unterricht.
Ohne sich dabei zu verstecken.

Näher darauf eingehend.
Obwohl der Bildungsminister der provisorischen Regierung darauf bestanden hat, Mädchen und Jungen in verschiedenen Gebäuden unterrichten zu lassen. Weil er ein Fundamentalist ist. Auch der neu ernannte Leiter des afghanischen Rundfunks und Fernsehens ist so ein Fundamentalist und hat verboten, dass im Fernsehen singende Frauen auftreten.

Jatira sammelt den zusammengekehrten Abfall mit einer Schaufel auf.
Eigentlich ... Ich weiß nicht ... das Ganze ...
Ja, wir haben eine neue Verfassung, aber ohne die nötigsten Mittel, um sie im ganzen Land umzusetzen ... Gleichzeitig aber ist die Abteilung von Laster und Tugend immer noch rechtskräftig.
Das ist aber eine sehr gefährliche Sache.

Jatira geht in das andere Zimmer und kommt wieder heraus mit einer großen Schüssel voll mit Kartoffeln und Gemüse. Sie setzt sich im Schneidersitz auf den Teppich und schält Kartoffeln.
Solche falschen Schlangen sind die Taliban mit ihrer Geschichte von Tugend und Laster!
Am Anfang, als sie die Stadt eroberten und ihre Verordnungen und Verbote verkündeten, schien mir alles so verrückt, dass ich nicht glaubte, dass es ernst gemeint wäre.
Und ob es ernst gemeint war!
Am nächsten Tag, als ich wie jeden Tag im Krankenhaus ankam, schaute mir der Pförtner mit großen Augen an und sagte mir, sehr aufgeregt. «Frau Doktor Jatira, haben Sie den Verstand verloren? Wissen Sie nicht, dass es den Frauen verboten ist, zu arbeiten? Gehen sie gleich nach Hause und hoffentlich erwischen die Taliban sie nicht mit diesen Klamotten. Wissen sie nicht, dass sie eine Burka überziehen müssen? Und wir wollen beide hoffen, dass sie uns nicht sehen, während wir miteinander reden. Nach den neuen Gesetzen würden wir es sehr teuer bezahlen.»
Ja, es war alles sehr ernst gemeint.
Ich verlor meine Arbeit und mein Einkommen.
Mein Ältester musste sich um unseren Unterhalt kümmern.
Er war damals erst fünfzehn, mein Karim.

Es ging mehr oder weniger ein Jahr gut mit dem, was er hier und da verdiente. Es gab keine Arbeit in Kabul. Die Fabriken, die während der Angriffe der verschiedenen fundamentalistische Fraktionen bombardiert worden waren, standen still.
Noch heute liegt das ganze Industriegebiet in Trümmern.
Als die Taliban kamen, machten sie nichts. In all diesen Jahre bauten sie nicht einmal einen Gehweg wieder auf. Weil sie gar keine Zukunftsprojekte für Afghanistan hatten. Und auch keinen Regierungsplan.
Das Opium und die Waffen waren alles, was sie brauchten.
Und sie wollten im Ausland anerkannt werden!
Und sie hatten es beinahe geschafft.
Kaum ein Jahr vor dem Attentat in New York waren sie schon mit mehreren Regierungen in Verhandlungen.
«Das ist ja unmöglich», sagte ich zu Sahar als sie zu Besuch aus Pakistan kam und es mir erzählte. «Du hast das sicher falsch verstanden. Die demokratischen Regierungen werden es nie erlauben.»

Wieder schüttelt Jatira den Kopf. Sie ist über ihre damalige Naivität verwundert.
Jetzt haben alle diese sogenannten demokratischen Regierungen ihre Masken abgelegt.
Wenn die Taliban damals den saudischen Terroristen Bin Laden, der nach Attentaten in Tansania und Kenia schon von den Amerikanern gesucht wurde, ausgeliefert hätten, wären sie sofort im Ausland als die legitime Regierung Afghanistans anerkannt worden, so wie sie es sich wünschten.
Ich will mir nicht vorstellen, wie es uns dann ergangen wäre.

Jatira schaut auf ihren Daumen.

Was für eine Pantomime! Keine Spur von Tinte. Dabei sollte die Tinte, mit der man den Daumen beim Wählen bestreicht, um den Wahlbetrug zu verhindern, ein paar Tage halten.
Wie kann man so schlampig sein.
Wenn ich wollte, könnte ich gleich wieder wählen gehen.
Und Sahar ... sie sollte sich beeilen ...
Viele sind davon überzeugt, dass Karzai gewählt werden wird und glauben deshalb, es sei nicht nötig zur Wahl zu gehen ...

Sie schüttelt missbilligend den Kopf und nimmt noch eine Kartoffel.
Wir litten unter bitterstem Hunger!
Wir halfen uns so gut es ging unter uns, in der Nachbarschaft durch all die Kriegsjahre. Wir hungerten nicht nur unter der Talibanherrschaft. In jenem Winter mit soviel Hungersnot, als die Taliban schon ganz nah waren, unter der wilden Belagerung durch Hekmatyar, die nicht einmal humanitäre Konvoi durchließ, machten wir das Schamhafteste für einen Afghanen.
«Machen wir es, Jatira, ich bitte dich, machen wir es!» flehte mich tagelang Fareshta an, mit ihrem abgezehrten Gesicht und Augen, die immer größer wurden.
Wir hatten schon alles, was wir hatten, verkauft. Den Hausrat und die Mitgift, das gute Tafelgeschirr, die Festkleidungen, den Schmuck. Wir gingen zum Basar, setzten uns auf den Boden und breiteten die Ware vor uns aus.
So schafften wir Geld fürs tägliche Überleben her.
«Machen wir es, Jatira!» wiederholte Fareshta mit ihrer rauen Stimme.
Wir hungerten entsetzlich. Und die Kinder. Beide hatten kleine Kinder. Es ist furchtbar, die eigenen Kinder hungern zu sehen.

Wir verheimlichten es den Familien. Wir machten es erst, als wir nichts mehr besaßen, das wir verkaufen konnten. Mit verhüllten Gesichtern, damit niemand uns erkennen würde.
«Ich schäme mich dermaßen», sagte Fareshta.
Beide schämten wir uns.
Für eine Weile hatten wir zu essen, weil wir auf den Straßen bettelten. Es war schrecklich, den Vorübergehenden die Hand auszustrecken.
Wir erlebten alles Mögliche. Manche hatten Mitleid und gaben uns ein paar Afghanis. Es gab aber auch welche, die uns verachteten und schimpften. «Seid ihr vielleicht keine afghanische Frauen, dass ihr euch so erniedrigend verhaltet?»
Ja, sicher waren wir afghanische Frauen.
Frauen aus Kabul.
Aber wir wollten überleben.

Jatira seufzt.
Ich vermisse Fareshta so sehr!
Schon als Schulkinder waren wir befreundet. Wir blieben Freundinnen, als wir zur Uni gingen. Damals gab es mehr Mädchen als Jungen an der Uni. Heute klingt es unglaublich.
Wie vermisse ich Fareshta!
Wir waren immer zusammen.

Sie schweigt jetzt eine Weile.
Nach den Dchihadisten kamen die Taliban nach Kabul.
Nachdem sie uns Frauen schon das Arbeiten verboten hatten, verboten sie auch das Betteln. Fareshta und ich beschlossen, damit aufzuhören. Es war zu gefährlich. Die Taliban verprügelten die Frauen, die bettelten. Mitten auf der Straße. Mit ihren Gummiknüppeln voller Münzen.
Viele starben nach solchen Prügeleien.

Ich ging nicht mehr mit Fareshta betteln. Ich blieb zu Hause. Ich half Mutter mit dem Gemüsegarten, den sie hier auf dem Hof schon angefangen hatte, zu pflegen.

Jatira zeigt mit einer Handbewegung auf die wenigen Pflanzen hinter dem niedrigen Zaun in einer Ecke des Hofes, die sie kurz zuvor gegossen hat.
Wir haben ihn ein bisschen vergrößert. Es half uns. Es hilft uns noch. Dann tauschte ich mein Ehebett gegen eine Ziege und die Stühle vom Esszimmer gegen drei Hennen.
Aber Fareshta ging heimlich weiter betteln. Sie nahm ihren kleinen Jungen mit, der das gleiche Alter wie meine Lala hat, und setzte sich auf dem Boden, ganz mit der Burka bedeckt. Nicht einmal ihre Hand zeigte sie, wenn sie sie ausstreckte. Sie nahm das Geld mit dem Stoff entgegen. So verhinderte sie jeden Kontakt mit Unbekannten und dass man ihre Hände sah.
(...)
Die Straßen von Kabul waren voller Männer.
Die Frauen waren zu Hause eingesperrt. Wir durften nur in Begleitung eines Mannes der Familie auf die Straße und viele Familien hatten keine Männer mehr. Afghanistan ist ein Land voller Witwen. Kabul ist einer Stadt voller Witwen.
Aber die Straßen waren voller Männer.
Und voller Frauen, die trotz der Verbote, bettelnd auf dem Boden saßen, weil sie nichts mehr zu verlieren hatten. Es war ihnen vollkommen egal, auf der Straße verprügelt zu sterben oder zu Hause eingesperrt zu verhungern.

Jatira geht wieder ins Haus und kommt mit einem großen Topf zurück. Sie setzt sich wieder hin und schneidet die schon geschälten Kartoffeln, die sie in den Topf wirft.

Jetzt gibt es auch nicht viel Arbeit.
Nach all diesen Jahren der Unterdrückung und Isolierung haben wir nicht genügend ausgebildete Menschen. Wer kann schon mit einem Computer arbeiten oder mit irgendeiner modernen Maschine? Wer hat etwas gelernt oder die Universität besuchen können, wenn alles ein einziges Desaster und alles verboten war? Das verhindert für die große Mehrheit der Bevölkerung den Zugang zum eh schon begrenzten Arbeitsmarkt. Und so werden Arbeiter von außen geholt. Türken und Pakistaner. Viel besser qualifiziert als jeder Afghane. Trotzdem sind sie billige Arbeitskräfte. Ein Unsinn. Ein blanker Unsinn. Und währenddessen leben die Leute hier und die Flüchtlinge die zurück kommen, weiter unter sehr schwierige Umständen und kriegen keine Arbeit.
Ich weiß nicht ob es ein Trost ist, zu denken, dass es vorher noch schlimmer war.

Jatira steht auf, nimmt den Topf mit den geschnitten Kartoffeln und geht zum Hahn an der Wand. Sie fühlt den Topf mit Wasser und geht zurück zum Teppich.
Fast ein Jahr war schon vergangen, seit wir mit den kleinen Jobs, die mein armer ältester Junge kriegte, so gut wir konnten überlebten.
Wir hatten ihn Karim genannt. Es bedeutet: Der Liebenswürdige, der Großzügige, der Mann voller Zärtlichkeit.
Und er war es tatsächlich.
Er war es, bis die Taliban ihn mitnahmen und verdarben.
Seit einem Jahr war die Stadt unter ihrer Besatzung.
Sie nahmen ihn mit.

Jatira hält inne, überwältigt. Sie reißt sich zusammen und arbeitet weiter.

Sie nahmen ihn mit, genauso wie es die Anhänger der damaligen sowjetischen Regierung, die Puppenregierung der Sowjetunion gemacht hatte. Auch sie schickte die Jungen an die Front, wie sie es mit meinem Bruder machten, damit sie gegen die Mujahedins kämpften, gegen die Bevölkerung, die zu den Waffen gegriffen hatte um gegen die eindringende Armee zu kämpfen.
Die Herren des Krieges, egal welche, tun immer das Gleiche.
(…)
Und die Taliban nahmen meinen Jungen mit.
Meinen Jungen, der erst sechzehn geworden war.
Nicht einmal der Bart wuchs auf seinen Wangen. Er hatte nur einen dunklen Flaum auf der Oberlippe …
Vielleicht ist er schon tot, mein Karim.
Er wäre letzten Monat dreiundzwanzig geworden, wenn er noch am Leben ist. Aber vielleicht ist er ja schon tot.

Sie sagt es mit Hoffnung, als ob es das Beste wäre.
Ja. Er ist bestimmt schon tot.

Entschlossen erzählt Jatira weiter.
Deshalb schickte ich den anderen nach Pakistan. Damit die Taliban mir meinen zweiten Sohn nicht auch noch wegnehmen konnten. Und damit er studieren dürfte.
Er wollte nicht weg. Er wollte mich nicht mit Mutter und den zwei Kleinen hier alleine lassen.
Unter keinen Umständen aber wollte ich es zulassen, dass er in Afghanistan blieb. Ich hätte es nicht ertragen können, dass er auch noch verschleppt wurde. So versammelte ich die Familie. Was von unserer Familie noch übrig geblieben war. Nach langen Besprechungen wurde entschieden, dass er nach Pakistan gehen sollte. Dort würde er bei Sahar, bei

der Familie ihres Mannes leben, im Flüchtlingslager. Dort könnte er studieren.
Bei uns hier in Afghanistan gab es keine Zukunft. Für unsere Töchter, die nicht einmal zur Schule könnten, so wie so nicht. Aber auch nicht für die Jungen.
Die Taliban hatten alle Schulen und Gymnasien in Koranschulen umgewandelt. Alle anderen Fächer ließen sie fallen. Sie bezahlten den Lehrern immer weniger, bis sie die Schulen verließen, um sich mit anderen Jobs ihr Brot zu verdienen.
Unsere Jungen sollten eine Herde von lauter Trotteln und Analphabeten werden, wie es die meisten von den Taliban selber sind.
Genauso haben sie es mit meinem Karim gemacht, bis sie ihn ganz verdorben hatten.
Sie nahmen ihn mit.

Jatira seufzt.
Wir suchten ihn überall.
Fareshtas Bruder … Ich weiß nicht, was ich in all diesen Jahren gemacht hätte, ohne den Bruder von Fareshta …
Er ging zu allen Schulen, wo die Taliban manchmal die Leute einsperrten, die sie auf der Straße verhaftet hatten. Mit dem Taxi fuhr er auch zum großen Gefängnis außerhalb von Kabul, das größte Gefängnis Mittelasiens, wo die Taliban Tausende von Männern eingesperrt hatten, die nach Kabul kamen. Flüchtlinge aus all den Regionen, wo die Talibantruppen gegen die von der Nordallianz kämpften, saßen dort ein. Sogar zum Gebäude der ehemaligen Botschaft der Sowjetunion ging er, wo man die flüchtlingen Frauen einsperrte, die in die Stadt kamen.

Bitter ironisch fügt sie hinzu:

Von alledem wollten sie auch nichts wissen, die angeblich demokratische Regierungen der Welt, während sie die Vertreter der Taliban empfingen, als ob die Taliban jemand wären. Als ob sie jemanden außer sich selbst verträten. Sie haben nie die afghanische Bevölkerung vertreten, die sie nur folterten.

Jatira seufzt.
Wir fanden ihn nirgendwo, meinen Jungen.
Nachher erfuhren wir, dass man ihn zu einer anderen Ortschaft gebracht hatte. Sie zwangen ihn, an den fürchterlichen Hinrichtungen, die sie im Fußballstadion durchführten, teilzunehmen. Steinigungen, Verstümmelungen, Auspeitschungen und Verprügelungen, anderen die Kehle durchzuschneiden ...
Jeden Freitag wurden die Männer bestraft. Jeden Dienstag die Frauen, die unwürdig waren, an dem heiligen Tag zu sterben.
Sie zwangen ihn, dabei mitzumachen, ein Folterknecht zu sein in den Sportanlagen, die sie in Schlachthöfe für die Bevölkerung verwandelten.
Er konnte die Flucht ergreifen und kam nach Hause.
Er erzählte mir vom Horror, von all dem Schrecklichen, wo sie ihn gezwungen hatten, mitzumachen ... dass er sich am Anfang immer übergeben musste.
Die ganze Nacht hindurch erzählte mein Karim ununterbrochen, hier, auf der Veranda. Es war Sommer. Ich sehe ihn vor mir, als ob er immer noch da wäre. Mit all der Verzweiflung und der Scham seiner siebzehn Jahre. Ohne sich umarmen und trösten zu lassen.
Sie holten ihn bei Tagesanbruch.
Sie kamen in zwei Autos. Zwei von diesen Toyotas mit denen sie angeberisch ständig durch die Stadt rasen und alles und jeden in Furcht und Schrecken versetzen.

Mit der Zeit hängte sich mein armer Karim die abgeschlagenen Hände und Füße um den Hals, als ob sie Trophäen wären. Und lachte mit seinem noch kindlichen Gesicht, das schon jeder Spur von Menschlichkeit verloren hatte.
Ich konnte ihn nicht rechtzeitig aus dem Land schaffen.
Ich schaffte es nicht.

Jatira beißt auf die Lippen und presst die Zähne fest aufeinander, um sich nicht dem Schmerz auszuliefern, während sie den Kopf schüttelt und die Augen schließt.
Sahar und ihr Mann hatten die Stadt schon verlassen, als die Dschihadisten Kabul eroberten. Manche Verwandten ihres Mannes wohnten schon lange außerhalb des Landes, als der Krieg gegen den sowjetischen Einmarsch begann und viele Afghane flohen und sich auf der andere Seite der Grenze niederließen.
Damals wurden sie als Asylsuchende anerkannt und bekamen Hilfe. Und die Mudschaheddin hatten auch dort ihren Operationszentren.
Als die sowjetische Truppen sich zurückzogen und der Krieg zwischen den fundamentalistischen Fraktionen begann, kümmerte sich niemand weiter um die Flüchtlinge. Oder die Heimatlosen.
Niemand kümmerte sich weiter um unser Land und um das, was in Afghanistan geschah. Wir wurden isoliert. Eingesperrt wie in einem Grab. Wie auf einem verlassenen Friedhof.
Sahar sagte es immer, wenn sie zu Besuch kam: «Du kannst dir gar nicht vorstellen, wie wenig es die demokratischen Regierungen interessiert, was mit uns passiert. Einen Dreck kümmert sie alle unsere Lage.»

Jatira lächelt, wieder staunt sie über die eigene Naivität.

Damals glaubte ich noch an die Vereinten Nationen, an die demokratischen Regierungen. Ich wollte an sie glauben. Und wollte, dass die internationalen Truppen kamen um den Frieden und die Ordnung wieder herzustellen. Damit wir unsere Rechte zurückbekamen. Als Bürger und als Frauen.
Aber es stimmte, was Sahar sagte.
Wir Afghanen waren allein. Ausgeliefert.
Sowohl in unserem eigenen Land, wie auch außerhalb der Heimat.
Es sind schon an die sechs Millionen. Flüchtlinge. Überlebt haben sie draußen in unmenschlichen Verhältnissen, als Bettler in den Straßen von Pakistan, die im Müll stochern oder als Sklaven, die in den pakistanischen Backsteinfabriken schuften. Ohne Schulen. Ohne Ärzte. Ohne Rechte. Im Iran ist es ihnen nicht besser ergangen.
Viele sind noch nicht zurück. Sie haben hier kein Haus mehr. Und keine Arbeit. Und besonders hier, in Kabul, inmitten der Lawine von Entwicklungshelfern, Beobachtern und internationalen Truppen, sind die Preise so in die Höhe gestiegen, dass die afghanischen Familien keinen Zugang zu Wohnungen haben und vieles andere gar nicht bezahlen können.

Jatira zeigt auf das Gemüse in der Schüssel.
So was, ein bisschen Gemüse, ist unerschwinglich. Selbst wenn es nicht mehr so frisch ist oder schon angefault, ist es ein Luxus. Aber was soll es, heute feiern wir die ersten Wahlen, und auch der Bruder von Fareshta kommt mit den Kindern zum Essen.
Jatira schaut zum Vorhang.
Sahar, soll ich dir helfen?

Sie putzt weiter Gemüse und spricht dabei zu sich selbst.

Solange sie als Flüchtling in Peschawar wohnte, kam Sahar uns regelmäßig besuchen. Die Grenze nach Pakistan, einem der Hauptalliierten der Taliban, wurde erst kurz vor ihrem Sturz geschlossen, als die amerikanische Bombardierungen begannen.
Als ich beschloss, bei der Untergrundbewegung, dem heimlichen Netz von Ärztinnen, die kranken Frauen zu Hause zu behandeln, brachte sie mir Medikamente. «Versteck sie gut, Jatira», sagte sie immer, bevor sie wieder ging. «Und versuch, sie nicht zu schnell zu verbrauchen. Ich weiß nicht, wann wir noch weitere beschaffen können.»

Jatira lacht, kopfschüttelnd, während sie weiter Gemüse putzt.
Tausend Mal am Tag wiederholte sie es mir. Wie konnte ich es aber schaffen, dass die Medikamente nicht sofort alle waren? Was sie mir brachte, reichte kaum für ein paar Behandlungen! Ich sagte aber nichts. Ich konnte mir gut vorstellen wie schwer es für sie war, das Geld zusammenzubringen, um die wenigen Medikamente zu kaufen ...
Sahar brauchte den ganzen Tag, um vom Flüchtlingslager bis nach Kabul zu kommen. Unglaublich! Früher kam man von Kabul aus in kaum anderthalb Stunden an die Grenze. Ja, früher ...

Jatira unterbricht ihre Arbeit und erinnert sich mit Freude und Genuss an vergangene Zeiten.
Wie oft haben wir den ganzen Tag am Fluss verbracht, als wir noch so jung waren! Wir nahmen das Essen in einem Topf mit. Wir badeten und lagen auf dem Gras, im Schatten hundertjähriger Bäume, ließen Drachen fliegen ...

Sie wird bald wieder ernst.

Nichts dergleichen war unter den Taliban erlaubt. Sie verboten uns auch zu singen, zu lachen, zu tanzen oder Musik zu spielen und selbst zu hören!
Aber früher, früher gingen wir oft zu diesem Flusswinkel an der Grenze.
Mit dem Auto war es nur ein Katzensprung. Die Straße war prächtig.

Jatira schaut wieder zum Vorhang und spricht lauter.
Weißt du noch, Sahar, als wir am Fluss Picknick machten?
Ich vermisse solche Ausflüge hin zum Fluss, mit dem hellblauen Wasser, das geräuschlos über die Kiesel rann.
(...)
Einen ganzen Tag brauchte Sahar um hierher zu kommen, weil von der Straße kaum etwas übrig blieb. Jetzt ist dort nur noch eine Spur von dem, was sie einmal war. Ein Weg, der nur durch das Hin und Her der Reisenden erhalten ist. Die Bombardierungen, die Sprenglöcher haben den Asphalt ausradiert. Die Durchreisenden sagen, die Straße sei voller Löcher, die kein Stoßdämpfer aushalten kann. Und voller nicht entschärfter Minen. Wie das ganze Land.

In Gedanken verloren macht sie weiter.
Mensch, wie haben wir gestritten, als wir noch kleine Mädchen waren!
Jede wollte immer Recht haben und da musste Mutter oft eingreifen und wieder Frieden zwischen uns stiften.
Wir stritten auch um Vater. Beide wollten ihn für sich allein haben, seine Lieblingstochter sein. Und er lachte. Er hatte ein starkes, sauberes Lachen, unser Vater. Er kam nach Hause in seiner Uniform der Königlichen Garde und wir rannten ihm entgegen. Er nahm uns hoch, jede auf einen Arm ...
Das ist aber sehr lange her.

Der König war noch hier.
Ich war damals im Alter meiner Lala.
Es ist ja kaum zu glauben, was alles inzwischen geschehen ist ...
(...)
Sahar brachte uns auch Nachrichten aus dem Ausland, als sie kam.
Nachdem die Taliban alle Fernsehgeräte zerstören ließen und den Fernmeldeturm abschafften, hatten wir nicht die geringste Ahnung von dem, was auf der Welt vor sich ging. Was sage ich, wir wussten nicht einmal, was an der anderen Ecke der Stadt passierte. Es gab manche, die heimlich Radio lauschten, aber das war äußerst gefährlich.

Jatira streckt den Arm aus und schaltet den Radiorekorder an. Man hört nichts.
Schon wieder ist der Strom ausgefallen!
Ich verstand, dass Sahar recht hatte, wenn sie darauf bestand, den demokratischen Regierungen der Welt wäre unser Schicksal vollkommen gleichgültig, als sie mir erzählte wie erschrocken die Welt war, als die Taliban die zwei Buddhas von Bamiyan zertrümmern.
Obwohl sie vorher schon jahrelang Bücher verbrannt hatten und alles an Kunst und Bildern zerstörten.
Aber für die Buddhas hatte sich die ganze Welt mobilisiert! Man hatte den Taliban sogar Millionen Dollars angeboten, um sie zu retten, weil sie einzigartig waren.

Ihr Ton ist ironisch.
Unersetzbar waren die wunderschönen Buddhas von Bamiyan. Für die Menschen aber haben alle, die so laut um die Aufrechterhaltung unseres Kulturerbes zeterten, noch keinen Finger bewegt.

Sauer aber niedergeschlagen, sagt Jatira jetzt:
Na ja, afghanische Kinder werden jeden Tag genug geboren.
(...)
Sahar regte sich darüber entsetzlich auf. Ich musste sie immer ermahnen, leiser zu sprechen. Man musste sehr vorsichtig sein, seit die Taliban uns Frauen verboten hatten, laut zu reden, zu lachen oder Lärm zu verursachen, selbst beim Gehen.
Und in den Wänden gibt es Mäuse und die Mäuse haben Ohren, wie das Sprichwort sagt.
Aber sie, die als Flüchtling in Pakistan lebte, war es nicht gewohnt, leise zu reden.
Ich wollte noch die Untätigkeit, die Gleichgültigkeit der Internationalen Gemeinschaft verstehen. Vielleicht glaubten die da draußen, dass diese Folterknechte gebildete und kultivierte Leute waren. Schließlich bedeutet „Taliban": Student.
Von Wegen!
Sie waren Studenten der Medressen, der Koranschulen, wo sie aufgezogen wurden. Daher der Name. Aber die größte Mehrheit von ihnen sind Analphabeten. Ein Rudel von ignoranten Trotteln. Lächerlich ungelehrt.
Die zwei Buddhas ...
Obwohl ich herzlich bedaure, dass so viele Kunstwerke verloren gegangen sind, wie die unzähligen Ausstellungsstücke des Museums hier in Kabul, das schon die Dschihadisten ausplünderten, was sind sie gegen nur eines der Kinder, die ich verloren habe. Mein Mann. Fareshta.
Und gegen so viele Freunde und Bekannte, die ich nie mehr wieder sehen werde. Gestorben und verschwunden.
Oder gegen die vielen Frauen, die den Verstand verloren haben, wie die Schwägerin von Farestha, die mit ihr zurück nach Kabul kam. Sie hat nicht mehr alle Tassen im Schrank,

das arme Ding. Wieder und immer wieder klopft sie bei mir an die Tür, damit wir zusammen ins Kino gehen …

Sie bewegt traurig den Kopf. Dann setzt sich woanders hin.
Fareshta kam nach Kabul zurück, als die Taliban ihren Mann getötet hatten. Jetzt war auch sie allein, so wie ich, mit den Alten und den Kindern.
Sie hatte einen Jungen aus einer der nördlichen Provinzen geheiratet, der nach Kabul kam, um zu studieren. Er wurde Ingenieur und hatte sofort bei einem der Wasserkraftwerke eine Arbeit bekommen. Sie zogen in einen kleinen Ort hinter den Bergen. Trotzdem trafen wir uns alle bei den Feiern, die später von den Taliban auch verboten wurden. Oder wenn sie nach Kabul kamen, um die Familie zu besuchen.
Eines nachts kamen die Taliban ins Dorf.

Jatira zählt ohne Anteilnahme die Ereignisse auf, schon von Horror gesättigt.
Sie befahlen allen, aus dem Haus zu treten, wie sie es gewöhnlich machten, wenn sie bei ihrem Vormarsch nach Norden einen kleinen Ort in ihre Gewalt bekamen.
Sie trennten die Männer von den Frauen.
Die Männer schickten sie an die Front. Wer sich weigerte, wie der Mann von Fareshta, wurde auf der Stelle erschossen.
Die Alten pferchten sie in ein Gebäude und setzten es dann in Flammen.
Die jungen Mädchen nahmen sie in zwei Autos mit.
Bevor sie weiter zogen, verbrannten sie alles. Die Häuser, die Gärten …
Die Frauen flohen mit den kleinen Kindern zu Fuß in die Berge.

Oder zur Grenze.
Fareshta kam nach Kabul zurück, zu ihren Eltern, die dort mit ihrem Bruder wohnten. Hier, nebenan. Sie kam mit offene Wunden an den Füßen, die Kinder im Arm. Und mit einer der Schwestern ihres Mannes, die seit jener schrecklichen Nacht, als die Taliban ins Dorf angekommen waren, völlig verstört war.
(...)
Sie hat sich eine eigene Welt geschaffen, diese Frau, um das Grauen der Wirklichkeit draußen zu lassen.
Jeden Abend kam sie zu mir. Sie macht es immer noch. Sie klopft an die Tür und sagt: «Komm, Jatira, gehen wir ins Kino.» Es lohnte sich nicht, ihr erklären zu wollen, dass man nicht mehr ins Kino gehen durfte, dass kein Kino mehr auf hatte, dass die Taliban alle verschlossen und verbrannt hatten. Ich sagte nur, ich hätte viel zu tun, vielleicht an einem anderen Tag ...
Und ich sage ihr weiter das Gleiche.
Manchmal geht sie zurück nach Hause und manchmal bleibt bei mir. Sie nimmt hier, auf dem Teppich Platz, und ich mache weiter, während sie mir irgendeinen Film erzählt, den wir früher einmal gesehen hatten. «Wir haben einen schönen Abend verbracht, nicht wahr, Jatira?» fragt sie immer, wenn sie geht.
Und ich ... was soll ich ihr sagen? Die Arme!
(...)
Damals, als ich heimlich kranke Frauen besuchte, fand ich eine Menge Frauen mit solchen psychischen Problemen. Und auch jetzt, seitdem ich wieder im Krankenhaus arbeite. Sie leiden unter aller Art von Störungen, aber vor allem unter schweren Depressionen.
Fareshtas Schwägerin verlor den Verstand, aber den meisten von uns war und ist sehr bewusst, was geschah. Viele

konnten die Wirklichkeit nicht ertragen und brachen zusammen.
Jeden Tag wuchs die Zahl von Selbstmorden unter den afghanischen Frauen, unter der Frauen von Kabul, als ob sie Opfer einer unheilbaren Epidemie wären ...

Jatira versucht erneut den Radiorekorder anzuschalten. Umsonst
Sahar arbeitet auch wieder. Beim Rundfunk. Mit einer kleinen Gruppe von Journalistinnen, die sehr bemüht sind um ein meiner Meinung nach äußerst aktives Programm über Frauenrechte. So wie auch viele Vereine und Frauengruppen, die früher untergegangen waren, jetzt aber gesetzlich anerkannt sind. Sie veranstalten ständig Kurse und Seminare über Politik, Menschenrechte ...

Jatira seufzt.
Auch die Selbstmorde haben kein Ende genommen. Es gibt immer noch viele. Und viele traumatisierte Frauen. Die Frauenverbände versuchen sie zu unterstützen, aber in so einem heruntergekommenen Land wie unserem, ohne Mittel, wird alles noch schwieriger ...

Jatira wischt sich die Hände mit einem Küchentuch ab, steht auf und nimmt den Topf, die Schüssel mit den Kartoffelschalen und die Gemüsereste mit in die Küche, wo sie in der Hocke einen kleinen Gaskocher anzündet und den Topf darauf stellt, während sie laut zu Sahar spricht.
Pass aber auf, auf der Straße, wenn du wählen gehst. Vorher war alles sehr ruhig, aber man weiß ja nie ... Wenn du zurückkommst, geh bitte bei Faresthas Bruder vorbei und bring die Kinder mit nach Hause. Sie sollen bei uns eine Weile spielen. Und erinnere sie daran, dass sie bei uns essen werden.

Jatira kommt aus der Küche und geht ins Zimmer nebenan. Sie kommt mit einem Schuhkarton zurück, den sie auf den Teppich stellt.
Wenn mir jemand gesagt hätte, ich würde mit diesem Mann als Begleiter durch die Stadt gehen, fast wie mit einem Beschützer!
Wir hatten ihn oft ausgelacht, Fareshta und ich, als wir kleine Mädchen waren und er in den Stimmbruch kam. Wir machten ihn nach und lachten dumm, und er wurde ganz rot im Gesicht.
Das waren vielleicht Zeiten! Ich habe sogar das Gefühl, es seien Erinnerungen aus einem anderen Leben.

Jatira geht wieder in die Küche. Das Geräusch von Tellern und Töpfen ist zu hören. Sie kommt mit einem Glas und einer Thermoskanne in den Hof zurück.
Sie stellt die Kissen an der Wand zurecht. Aus dem Regal nimmt sie ein gefaltetes Wachstuch und breitet es auf dem Teppich aus. Sie stellt die Thermoskanne darauf. Sie setzt sich nicht.
Sie kam zu einem geschlossenen Haus, Fareshta, als sie nach Kabul zurückkehrte.
Keiner konnte ihr sagen, was aus der Familie ihres Mannes geworden wäre. Die Leute flohen in der Nacht, um nicht gesehen zu werden.
Die Zahl der Flüchtlingen innerhalb Afghanistans kennt keiner, so wie man auch nicht mehr weiß, wie viele afghanische Flüchtlinge es in Iran, in Pakistan und in anderen Ländern gibt, nachdem die Mächtigen der Vereinten Nationen gar kein Interesse mehr an uns und unserer Lage hatten. Nur solange der Krieg mit den sowjetischen Truppen andauerte, wurde für die afghanischen Flüchtlinge gesorgt.
Alle die Jahre danach haben die Flüchtlinge überlebt, wie sie eben konnten.

Selbst heute werden sie von niemandem aufgenommen oder beschützt.

Herausfordernd
Die Erklärung der Menschenrechte ist anscheinend nur je nachdem gültig.

Jatira bleibt eine Weile still.
Als der Bruder von Fareshta zurück in die Stadt kam, war sie schon verschwunden.
Sie war aber vorher verzweifelt zu mir gekommen. Ich hatte sie nie so weinen gesehen. «Ich bitte dich, Jatira, missbillige und verdamme mich nicht für das, was ich gemacht habe», flehte sie mich an, «Bitte, verurteile mich nicht.»
Aber wer war ich überhaupt, um jemanden zu verdammen?

Jatira schenkt sich Tee aus der Thermoskanne ein und wärmt sich die Hände an dem Glas.
Bald wird der Winter kommen. Und der Schnee. Und niemand hat irgendwelchen Brennstoff für den Ofen ...

Sie bleibt still stehen. Sie pustet in den heißen Tee und geht durch den Hof.
Ach, Fareshta!
(...)
Sie wäre mit einem Mann gegangen. Für Geld.
Sie bettelte in der Nähe der Moschee. Dort hatte sie sozusagen einen Stammplatz. Sie nahm immer ihren jüngsten Sohn mit, als Begleiter, wegen des Verbots der Taliban, als Frau alleine auf die Straße zu gehen.
Ein Mann sprach sie an. «Ich mag deine Stimme», hatte er gesagt. «Zeig mir deine Hände.»
Sie erzählte es mir unter Schluchzen.

Sie hatte ihm die Hände gezeigt, noch ohne sich etwas dabei zu denken. «So wie ich es sehe, bist du keine Alte. Komm für eine Weile mit mir und du kriegst dafür mehr Geld, als du hier an einem ganzen Tag zusammenbetteln kannst.»
Und Fareshta ging mit.
Das war das erste Mal.
Später war sie es, die zu den Männern kam. Sie bot sich unter der Burka an. «Willst du mit mir gehen?»
Ein paar Monate danach verschwand sie.
Wir fanden nur das Kind, verloren auf den Straßen in der Nähe der Moschee.
Seit dem Tag hat der Junge kein Wort gesprochen.
Was dieses Kind gesehen hat, ist nicht zu erzählen.

Jatira setzt sich auf den Teppich, umarmt sich selber und schaukelt hin und her.
Ich hatte lange Alpträume. Ich wachte plötzlich schweißgebadet auf. Ich träumte, mein Sohn, der Taliban, käme mit einem Toyota und setzte das Haus in Brand. Oder er kam und schleppte seinen Bruder mit, obwohl ich ihn damals schon nach Pakistan geschickt hatte, mit Sahar. Aber ich hatte mir so große Sorgen gemacht, als ich ihn ständig auf die Taliban schimpfen hörte ... oder sie auszulachen, so dass die Angst, sie würden kommen und ihn festnehmen, noch tief in mir steckte.
Sie wird drollig.
Die Taliban sagten damals, die schlimme Dürre, die uns schon lange plagte, sei die Strafe Allahs, weil die Leute in Afghanistan nicht nach dem islamischen Gesetz lebten.
So ein Quatsch.
Seit Jahrhunderten war der Islam die Mehrheitsreligion. Außer ein paar Juden und Hindus, die längst verschwunden

sind. Ja, wir sind Moslems. So wie viele in den abendländischen Staaten Christen sind.
Aus Tradition. Durch einen Zufall der Geschichte.
Ja, wir sind Moslems, aber nie wäre es uns eingefallen, solche irrsinnige Sachen zu machen, wie die im Namen des Islams von den Taliban angerichtet wurden.
Es überrascht mich nicht. Immer und überall gibt es Welche, die bereit sind, die Religion als Vorwand und Tarnung für ihre ganz irdischen Zwecke zu benutzen. Selbst der US-Präsident behauptete, sein Gott stehe ihn bei, als er uns bombardierte, um Bin Laden zu suchen ...
Die Taliban bestanden darauf, wir wären an der Dürre schuld, obwohl wir in Afghanistan seit Jahrhunderten ab und zu darunter leiden müssen. Es ist einfach so und so ist es immer gewesen. Weder Allah noch der christliche Gott oder irgendjemand hat damit etwas zu tun.
Das sagt schon das Sprichwort: „Lieber soll Kabul ohne Gold bleiben als ohne Schnee!" Wie es in den letzten Jahren gewesen ist. Wenn es auf den Bergen nicht schneit, gibt es im Frühling kein Wasser, um die Felder zu gießen.
Aber die Taliban zwingen uns, um den Regen zu betteln.

Jatira wird langsam ärgerlich. Ihr Ton wechselt von lustig zu wütend.
Es beunruhigte sie nicht, dass die Ernte verloren ging oder die Herden ausstarben. Für sie, die immer Brot auf dem Tisch und die Taschen voll hatten, war das ohne Bedeutung. Das einzige, was sie an der Dürre stören könnte, wäre eine Beeinträchtigung ihres Geschäfts mit dem Opium, dieser wichtigsten Quelle ihres Reichtums.
Als Sahar uns besuchte, erzählte sie vom ununterbrochenen Verkehr mit geschlossenen Lastern. Das Opium ging raus nach Pakistan. Aus Pakistan kamen die Waffen rein.

Warum sollten sonst so viele Lastwagen hin und her fahren? Außer unseren leckeren Honigmelonen, was konnte unser Land noch ausführen, wenn uns nur das Opium geblieben war?
Ich wüsste gern, wer es ihnen abkaufte.
Und wer kauft es jetzt. Denn trotz der internationalen Vereinbarungen, der neuen Demokratie und dem ganzen Kram bleibt Afghanistan der erste Opiumerzeuger in der Welt.
Wie viele Frauen sind im Laufe dieser Jahre davon süchtig geworden, um den Hunger und den Terror ertragen zu können!
(...)
Das mit dem Beten war aber nicht neu.
Seitdem sie im Land herrschten, zwangen sie die Männer, zur Moschee zu gehen. Fünf Mal am Tag. Jeden Tag. Sie rufen sie sogar auf. Es wäre lächerlich, wenn nicht die grausamen Strafen wären. Die waren nicht zum Lachen.
Aber sogar dann erfanden die Leute Witze über die Taliban. Und wir lachten uns tot.
Aber ich litt unter meinen Alpträumen.
Ich träumte, sie erwischten mein Jungen beim Witze erzählen und prügelten ihn zu Tode. Ich träumte, die Dschihadisten aus der Zeit vor den Taliban kämen zurück und wollten meine Qamar entführen. Ich träumte, überall sei Blut und, obwohl die Alten sagen wenn eine Frau von Blut träumt, bedeute das, alles sei in Ordnung, schien mir überhaupt nichts in Ordnung zu sein.
Bis zu dem Tag, als ich den Entschluss fasste, nicht weiter so eingeschüchtert zu leben. Es war eine Frage des Willens. Des Überlebens.

Jatira geht zum Regal und streichelt den alten verbrauchten Verbandskasten.

Als ich mit dem Verbandskasten unter der Burka aus dem Bordell kam und Fareshtas Bruder bis zu seinem Taxi folgte, beschloss ich wieder zu arbeiten. Im Untergrund arbeiten.
Ich hatte schon von Frauen, die heimlich arbeiteten, gehört. Lehrerinnen, Ärztinnen, Krankenschwestern. Von Frauen, die trotz der Verbote der Taliban, oder gerade deshalb sich entschlossen hatten, lesen und schreiben zu lernen.
Eine Frauenmenge, die still rebellierte.
Wie Schatten unter ihren Burka.
Ich war Ärztin. Ich bin Ärztin. Ich hatte kein Recht, untätig dazustehen, während andere Frauen starben, nur weil kein Arzt sie behandeln durfte. Die Taliban hatten auch verboten, dass Frauen irgendwelche Kontakte mit Männern hatten, die nicht zu ihrem engsten Umfeld gehörten. Wenn also ihr Vater, ihr Bruder oder ihr Mann kein Arzt war, war eine Frau verloren. Und Frauen, die Ärztinnen waren, hatten Arbeitsverbot und mussten zu Hause bleiben.
In den letzten Jahren hatte ich alles so genommen, wie es kam.
Es war jetzt an der Zeit, dass ich selber Entscheidungen traf.
An jenem Tag, im Taxi, traf ich meine Entscheidung.
«Geht es dir gut?» fragte Fareshtas Bruder, besorgt um mein Schweigen. Ja, mir ging es gut. Sobald ich wusste, was ich zu tun hatte, ging es mir besser als all die Jahre zuvor.
Ich begann, heimlich wieder tätig zu sein.
Wir Kolleginnen teilten uns die Arbeit auf.
Ohne Mittel, das muss man auch sagen.
Mit den wenigen Medikamenten und dem knappen Sanitätsmaterial, das die anderen Mitglieder des Netzes uns in Pakistan besorgen konnten.
Der Bruder von Fareshta wurde mein Bruder und begleitete mich überall hin, wenn ich meine Hausbesuche machte. Allzu oft konnte ich nichts für die kranken Frauen tun. Nur ein

bisschen Trost spenden und ihnen einige Grundkenntnisse im Rahmen der vorbeugenden Maßnahmen vermitteln.
Manchmal, wenn ich ganz in der Nähe musste, bat ich meinen Kleinsten mich zu begleiten. Es war lustig zu sehen, wie stolz er darauf war.
«Mutter, stimmt es, jetzt bin ich doch der Mann im Haus?»
Er war nur ein Kind.

Jatira nimmt den Schuhkarton, der auf dem Teppich liegt, auf dem Schoss.
Nein. Ich will nicht, dass der Kleine glaubt, die Verantwortung tragen zu müssen, der «Mann im Haus» zu sein, wie er es ausdrückte.
Ich wollte es damals nicht.
Ich will es jetzt nicht.
Ich bin das Familienoberhaupt!
Genug hatte er damals gelitten, als diese Verbrecher seinen ältesten Bruder mitnahmen.
Mein Kleiner vergötterte Karim.

Jatira macht den Karton auf und nimmt ein Bündel Bilder heraus.
Einige alte Fotos, die ich verstecken konnte. Das ist alles was mir bleibt.
«Mutter, wann kommt Karim zurück?» fragte der Kleine jeden Abend, wenn er schlafen ging.
Am Anfang nährten wir eine winzige Hoffnung auf seine Rückkehr, aber als ich ihn viel später wieder sah, wusste ich sofort, was man mit ihm gemacht hatte. Es gab keine Rückkehr. Ich wusste, dass Karim nie wieder der Junge sein würde, der er gewesen war. Und am gleichen Tag, als ich vom Stadion zurück nach Hause kam, sagte ich es meinem Kleinen ganz deutlich. «Karim wird nie zurückkehren, mein Sohn.»

Ich tat es nicht, um die Wunde aufzureißen, sondern damit die Wunde der Sehnsucht nach dem Bruder zu heilen und zu vernarben beginnen konnte.

Jatira stellt den Schuhkarton wieder auf den Teppich. Sie steht auf und geht hin und her, geplagt von der Erinnerung.
Ich war an dem Tag in die Falle geraten.
Die Straßen waren zu. Ich hatte nicht aufgepasst und als ich es merkte, war es schon zu spät. Zum Glück war an dem Tag Fareshtas Bruder nicht bei mir. Und ich hatte meinen Jüngsten auch nicht mitgenommen, der ihn wahrscheinlich erkannt hätte und auch meine Anwesenheit hätte verraten können. Hinter dem Bauzaun am Tor des Stadions sah ich mein Taliban-Sohn wieder.
Er erkannte mich nicht unter der Burka und so konnte ich ihn lange anschauen. Ich musste in den sauren Apfel beißen, um nicht aus Trauer zu sterben, mitten auf der Straße, unter jener Menschenmenge, die sich wie Schafe auf dem Weg zum Schlachthof sammelte. Zum eigenen Schlachthof.
Die Taliban zwangen uns, mit anzusehen, was sie zur Abschreckung der Bevölkerung durchführten.
Die Taliban-Rundfunksendung, *Die Stimme der Sharia*, die einzige Sendung, die in Afghanistan gehört werden durfte, hatte schon die öffentliche Hinrichtung einer Frau angekündigt. Man beschuldigte sie, ihren Mann getötet zu haben, obwohl keiner wüsste, was wirklich geschehen war.
Mein Karim trug seinen Kopfbund, den schwarzen Strich unter den Augen.
Er lachte.

Jatira schließt die Augen, sich die Szene in Gedächtnis rufend.
Ich schloss die Augen, um das gleiche Lachen wachzurufen, sein Lachen von früher, als er im Hof mit seinen

Geschwistern Fußball spielte und noch makellos und rein war.
Jetzt prahlte er mit seinen Taliban-Kommilitonen herum, während sie Wache hielten. Sie überwachten uns, die einfachen afghanischen Bürger, Gefangene ihres Regimes.
Er war mein Sohn.
Ich hörte ihn sagen, dass er dabei war, so einen Toyota fahren zu lernen. Dass er jeden Abend bei Sonnenuntergang, nach dem letzten Gebet, oben auf dem Hügel übte, wo das Grabmal des Königs Nadir steht und man das Stadion sehen kann.

Sie geht zum Tor.
Lange bin ich bei Sonnenuntergang unter irgendeinem Vorwand aus dem Haus gegangen, um von Weitem den Hügel zu sehen, wo ich wusste, mein Junge wäre da, um fahren zu lernen.
Bis ich mich zwang, nicht mehr daran zu denken.
Es war fürchterlich, die Hinrichtung der Frau mitzuerleben.
Sie hieß Zarmena. Und hatte sieben Kinder.
Wie oft habe ich mich gefragt, was aus ihnen geworden ist.
Die Hinrichtung war ein Verbrechen. Einer von den vielen Morden, die die Taliban im Namen ihrer angeblichen Treue zur Sharia verübten.
Selbst das islamische Gesetz bietet die Möglichkeit, dass die Familie des Opfers dem Angeklagten verzeiht, wie bei Zarmena der Fall war. Es waren sie, die Taliban, die gegen ihr eigenes Gesetz die Vergebung verweigerten und die Hinrichtung vollführten, denn man musste alle Frauen und das ganze afghanische Volk eines Besseren belehren.
Das ganze Stadion wurde zu einem Jammerschrei, als sie auf dem Rasen des Fußballplatzes der auf die Knie geworfenen Frau einen Schuss in den Hinterkopf verpassten.

(...)
Die Hinrichtung, wie viele anderen auch, wurde in Video aufgenommen.
Frauen einer verfolgten politischen Bewegung nahmen solche Bilder auf, in der Hoffnung irgendwann gegen die Täter als Beweis ihrer Verbrechen vor einem Gericht zu bringen.
Die Videokamera versteckten sie unter der Burka.

Jatira empört sich.
Was für Grausamkeiten haben wir erleben müssen, während die Welt uns die kalte Schulter zeigte!

Jatira bleibt still, bis sie sich wieder beruhigt hat.
Jetzt haben wir eine neue Verfassung, so wie früher, als wir ein Parlament und eine freie und demokratische Regierung hatten. Die neue Verfassung ist nicht frei.
Jetzt sind wir eine islamische Republik.
Doch die Frauen, die an ihrer Entstehung beteiligt waren, haben es möglich gemacht, dass schwarz auf weiß darin die Gleichberechtigung der Geschlechter steht, die ausdrückliche Ablehnung jeden Anschlags im Namen der Tradition oder der Religion auf unsere Rechte, und es wird auch garantiert, dass Frauen in den gesamten Regierungsorganen dabei sind.
Das ist schon etwas.
Das steht aber nur auf dem Papier. Womit die Internationale Beobachter sich zufrieden geben.
Gleichberechtigung der Geschlechter.
Ein grausamer Witz.
Eine Verhöhnung, wenn noch so viele Fundamentalisten in alle Posten hocken.
Was in der Verfassung steht ist kaum im täglichen Leben zu erkennen.
Besonders außerhalb Kabuls.

Jatira spring auf einmal hoch.
Ach, die Kartoffeln!

Jatira geht schnell in die Küche und man hört sie herumwirtschaften. Sie kommt wieder in den Hof und wischt sich die Hände mit einem Küchentuch ab.
«Ich habe Fareshta gefunden», sagte mir ihr Bruder.
Sie war in einem der vielen Bordelle, die mittlerweile in Kabul auftauchten. Man sagt, es seien mehr als dreißig.
Sie war krank und die alte Kupplerin und der Mann, der das Bordell leitete, wollten, dass wir sie wegschafften.
Sie starb in meinen Armen.
Sie hatte einen anderen Namen angenommen. Sie sagte in ihrem Fieberwahn, sie dürfte nie mehr Fareshta, das bedeutet Engel, heißen.
«Eine Hure darf nicht Engel heißen. Wenn, dann bin ich ein gefallener Engel», wiederholte sie.
«Red keinen Unsinn, Fareshta!» sagte ich zu ihr, während ich ihr den Schweiß abwischte und versuchte, ihren Körper zu kühlen. Das Fieber verzehrte sie. Man konnte gar nichts für sie machen. Sie hatte eine schwere Entzündung, die sie fraß. Aber Fareshta wollte mir nicht verraten, was sie mit sich hatte machen lassen, sie erlaubte mir nicht, sie zu untersuchen und beantwortete keine von meinen Fragen. «Lass es sein, Jatira, hör auf mit der ärztlichen Fragerei.»
Ihr Bruder hatte mich mit dem Taxi dorthin gebracht.
Es war das erste Mal, dass wir uns als Geschwister ausgaben, um gemeinsam auf die Straße gehen zu dürfen.
Wir konnten sie nicht mitnehmen.
Es war unmöglich, daran zu denken, sie in ihrem Zustand zu transportieren.
Sie wollte auch nicht ihren Bruder sehen. «Ich habe unsere Familie geschändet. Ich will nicht, dass er mich sieht.»

Er wartete draußen in jener schmutzigen Höhle auf dem Gang.
Er wartete all die langen Stunden, die ihr Todeskampf dauerte.
«Sag ihr, sie soll sich für nichts schämen, die Scham gilt nur den Taliban und denjenigen, die sie unterstützen. Sag ihr, sie ist wie immer meine Schwester, nur ein weiteres Opfer des Grauens, das wir erleiden mussten.»
Aber Fareshta wollte nicht, dass er zu ihr ging.

Jatira lehnt sich an der Wand.
Das Zimmer hatte keine Fenster.
Es war ein dunkles, schmutziges Loch. Es stank fürchterlich. Es roch nach Fieber. Nach Tod. Ich bat die alte Kupplerin um eine Öllampe. Um einen Eimer frisches Wasser. Ich hatte meinen Verbandskasten dabei. Meinen alten Verbandskasten, den ich schon so lange nicht mehr aus dem Schrank genommen hatte. Es war nichts darin, was nützlich war, um Fareshta zu helfen.

Jatira macht mit Handwegungen nach, worüber sie berichtet.
Mit einem sauberen Tuch wischte ich ihr Gesicht und ihren Leib ab, soweit sie es mir erlaubte. Mit einem Zipfel des Tuches befeuchtete ich ihre Lippen und gab ihr Wasser zu trinken, das sie aus dem Stoff heraussaugte.

Jatira lässt sich an der Wand herabrutschen, bis sie auf dem Boden sitzt, den Rücken gegen die Wand gelehnt.
Ich setzte mich auf dem Boden, neben der Matte, auf der sie lag und nahm sie langsam hoch, bis ich sie so halten konnte, dass ich sie in meine Armen hatte und ihren Kopf auf meine Brust legte. «Ich höre dein Herz, Jatira», sagte sie leise.

Ab und zu schlummerte sie ein. Ich streichelte ihr Haar, nahm es nach hinten. Ich streifte mit der Hand über ihren Nacken, so wie ich es machte, als wir kleine Mädchen waren und uns das Haar zu Zöpfen flochten oder als wir für irgendeine Prüfung zusammen lernten. Wenn sie müde war, sagte sie immer zu mir: «Streich mit deiner Hand über meinen Nacken, Jatira.» Immer wenn ich es tat, verflog ihre Müdigkeit, sagte sie.
Dann wachte sie wieder auf und sprach und sprach. Sie wollte wissen, wie es ihren Kindern ging. Ich erzählte ihnen ging es gut, und dass ihr Bruder sich um sie kümmerte. «Und die Oma, die Mutter meines Mannes ...?» Ich sagte, sie wüsste nichts davon, sie wüsste nicht, dass wir zum Bordell gefahren waren. «Ich habe den Jungen versprechen lassen, er würde nie im Leben jemandem davon erzählen, was ich so machte.» Ich beruhigte sie, so gut ich konnte. «Mach dir keine Sorgen, er hat sein Versprechen gehalten und keiner wird es je wissen.»
Ich behielt aber für mich, dass der Junge sein Versprechen so ernst genommen hatte, dass er nie wieder sprach.
Er hat nie mehr gesprochen. Überhaupt nicht.
«Man muss es wissen, Jatira, man muss doch wissen, was in Afghanistan geschieht, was die Taliban uns Frauen und der ganzen Bevölkerung antun. Sie sind gar nicht so rein, wie sie sagen. Weißt du, sie kommen auch ins Bordell.»
Jatira bleibt still.
«Ich höre dein Herz, Jatira. Es hört sich an, wie ein Schlaflied», sagte sie, bevor sie starb.
Ich dachte, sie wäre wieder eingeschlafen und wiegte sie eine Weile weiter. Dabei streichelte ich ihre Wange, die langsam kalt wurde.

Sie lacht traurig über sich selbst.

Wie dumm von mir! Ich dachte, das Fieber ließe nach und ich schauderte vor Hoffnung. Doch der Gedanke dauerte keine Sekunde. Dann wusste ich, dass sie tot war.
Ich betrachtete sie lange, bevor ich ging. Die alte Kupplerin schimpfte uns nach. Voller Trauer und Schmerz ließ ich sie allein dort liegen. Ich behielt sie in Erinnerung in ihrer Ruhe, so wie sie von mir gegangen war, im Gesicht ihr süßes Lächeln, das Lächeln eines Engels.

Jatira reißt sich zusammen und wird energisch.
Kurz danach erfuhr ich, dass mein Karim zur Front geschickt worden war.
Nach Norden, um gegen die Truppen von Massud zu kämpfen. Gegen Massud, die Bestie, die so viele Verbrechen gegen das afghanische Volk verübt hat.
Ich wusste, dass mein Junge an der Front zusammen mit zehntausend Soldaten der regulären pakistanische Armee, die noch auf der Seite der Taliban mit ihnen zusammen kämpfte, geschickt worden war.
Vielleicht ist mein armer Karim schon tot.
(...)
Ich wünschte, irgendwann würde die Welt diejenigen zur Rechenschaft ziehen, die sie unterstützt haben. Auch die Regierungen dieser Länder, die so großmäulig von Menschenrechten plaudern und gleichzeitig bei der Entstehung der Taliban mitwirkten, die sie aufrüsteten, trainierten, wie etwa die Vereinigten Staaten.
«Du bist aber leichtgläubig», sagt Sahar, wenn ich darüber rede. Und sie hat wahrscheinlich Recht. Den Mächtigen wirft man ihre Verbrechen nicht vor, selbst wenn sie offensichtlich sind, selbst wenn es jeder weiß.
Keiner kommt hierher, um die Wahrheit zu sehen. Das ist für sie unbedeutend. Wir sind um die zwanzig Millionen

Afghanen, aber es ist doch klar, dass unser Leben gar keinen Wert hat.
Meine Kinder und meine Toten tun nur mir weh.

Jatira nimmt wieder die Bilder auf und sucht sich mit einem traurigen Lächeln ein paar aus.
Ich gebar sie in der Nacht.
Ich nannte sie Qamar, weil der Mond so stark am Himmel leuchtete.
Wir hörten sie die Treppe hinauf trampeln. Geschrei. Weinen. Sie waren schon dabei, die Tür aufzubrechen. Mein Furhan nahm die Kalaschnikow, die er noch im Haus aufbewahrt hatte, als er zurück vom Krieg gegen die Sowjets kam.
Wir sahen es kommen.
«Vater, Vater», sagte das Mädchen und ich weiß nicht, ob sie ihn aufmuntern oder aufhalten wollte. Ob sie ihn anflehte, mit ihrer süßen aufgeregten Stimme, ohne zu weinen, fast ohne zu schreien, dass er sie töte oder dass er sie am Leben ließe. Furhan presste die Zähne so fest aufeinander, dass ich dachte, seine Unterkiefer würden brechen.
So etwas Unsinniges zu denken in einem solchen Augenblick …
Es ging alles so schnell … Als ich verstand, was er vorhatte, konnte ich nur schreien: «Nein!» Und es war schon vorbei.
Er hatte sie erschossen mit einem Schuss mitten durchs Herz.
Ich hatte nur noch Zeit sie mit meinen Armen aufzufangen, als sie fiel, damit sie nicht mit dem Kopf auf den Boden prallte. Ich nahm sie so fest in die Arme, dass ich dachte, ich würde sie ersticken.
Unsinn.
Die Dschihadisten waren schon ins Zimmer gestürzt. Sie zerrten mir das Mädchen aus den Armen und als sie sahen,

dass sie schon tot war, kehrten sie um. Bevor sie weg gingen, sprengte einer von ihnen Furhan mit einem Schuss zwischen die Augen den Kopf in die Luft. Alles ging schneller als man braucht, um es zu erzählen.
Ich weinte nicht.
Ich biss mir von innen ein Loch in die Wange, um nicht weinen zu müssen.
Ich wusste, wenn ich weinte, könnte ich nicht mehr aufhören. Wenn ich zu weinen anfinge, könnte nur noch verrückt werden vollkommen durchgedreht. Wie so viele andere, die ich kannte, die aus lauter Trauer den Verstand verloren hatten.
(...)
Nein. Wegen meiner Kinder, wegen meiner Toten weint die Welt nicht.
Sie haben uns Afghanen allein gelassen. Im Land und auch außerhalb.
Nicht einmal für die Flüchtlinge haben sie einen Herz.
So viele Jahre nur Krieg! Und Zerstörung. So viele Tote! So viele! Fünf Brüder habe ich dabei verloren. Und meinen Vater. Meinen Furhan. Und das Mädchen, unsere afghanische Prinzessin. Und meinen arme Ältesten, den wir Karim nannten, was „der Liebenswürdige" bedeutet. Und er war es tatsächlich. Er war es, bis die Taliban ihn mitnahmen und verdarben.
«Na, was weißt du von dem Studenten?», fragen manchmal Freunde. Und jedes mal bekomme ich einen Schreck. Es dauert nur einen ganz kleinen Augenblick. Dann weiß ich, dass sie nach meinen Sohn in Pakistan fragen, der dort studiert, nicht nach dem anderen Studenten, der Taliban, der wahrscheinlich schon tot ist.
Ich weiß nicht, wie wir Afghanen über die Runden kommen werden.

Heute ist Afghanistan ein verwüstetes Land. Die Felder sind vermint. Die Bewässerungsanlagen und das Kanalisationssystem sind zerstört. Die vielen Kriege und am Ende die Taliban und die Machenschaften und Geschäfte der Machthaber haben alles ruiniert.

Jatira seufzt und steht auf. Sie richtet sich auf.
Aber was soll es.
Heute haben wir wieder wählen dürfen.
Und wir haben einen Kartoffeleintopf. Und ein bisschen Gemüse.
Und Fareshtas Bruder kommt mit den Kindern zum Essen ...

Jatira räumt die Fotos auf dem Teppich zusammen und legt sie wieder in den Schuhkarton zurück.
Ich wünschte, die Zeit wäre schon vergangen und das alles nur noch eine dunkle Erinnerung. Dass wir nur das Schöne daraus zurückbehalten könnten.
Oder dass es möglich wäre uns endlich all den Schmerz aus der Seele zu weinen, den Schmerz über all das, was wir uns nicht erlauben zu betrauern, um nicht darüber zusammenzubrechen.

Jatira schlisst den Schuhkarton. Sie steht auf, nimmt ihn und geht hinter dem Vorhang ins Zimmer.
OFF-ERZÄHLER
Die von der sogenannten demokratischen Welt unterstützten Wahlen vom jenen 9. Oktober 2004 sollten zur Wiederherstellung der Demokratie in Afghanistan führen. Sie dienten aber nur zur Legitimierung der fundamentalistischen Kriegsherren, die schon während des Krieges von denselben Weltmächten mit Waffen und Geld versorgt wurden.

Zwanzig jahrelang haben sie allerlei entscheidende Posten als Gouverneure, Abgeordnete und Regierungsmitglieder im Parlament und im ganzen Land besetzt und sich mit dem Opiumhandel bereichert.

Am 31. August 2021 hat die Internationale Gemeinschaft Afghanistan ohne die geringste Spur von Skrupel den Taliban wieder ausgeliefert und die Bevölkerung ihrem hoffnungslosen Schicksal erneut überlassen.

EPILOG

Nach den damaligen ersten freien Wahlen, wurde im afghanischen Parlament im März 2007 ein Amnestiegesetz verabschiedet, damit die Täter nie wegen ihrer Kriegsverbrechen vor Gericht gebracht werden können. Sie besetzen weiter ihre Posten und missachteten offen die demokratischen Rechte indem sie ungestraft weiterhin die Verfassung verletzten.
Die Weltmächte, die dafür gesorgt hatten, verleugneten die dortigen Menschenrechtsverletzungen genauso wie die wiederholten Wahlfälschungen. Im eigenen Interesse erklärten sie Afghanistan zum „sicheren Land". Das erlaubte ihnen afghanischen Flüchtlingen das Asyl zu verweigern und die systematische Abschiebung und Gruppendeportation der afghanischen asylsuchenden Flüchtlinge regelmäßig durchzuführen.
Immer noch wurden in Afghanistan Frauen, die der Verfassung nach ihre Rechte zurückbekamen, bedroht, wenn sie aktiv an der Politik teilnahmen. Sie waren gewalttätigen Übergriffen ausgesetzt, wie Malalai Joya und viele andere oder wurden ermordet. Immer noch wurden Mädchen in Zwangsehen gepresst oder verkauft, um Schulden auszugleichen, als sogenannte Opiumbräute.
Heute, nach zwanzig Jahren vor Ort hat die Internationale Gemeinschaft Afghanistan wieder im Stich gelassen: Im Februar 2020 haben die USA hinter dem Rücken ihrer eigenen Alliierten mit den Taliban vereinbart, das Land zu verlassen und ihnen freie Hand zu gewähren. Endgültige Frist zur Evakuierung der westlichen Truppen: Der 31. August 2021.
Afghanistan ist also wieder in den Händen der Taliban. Sie wollen von der Internationalen Gemeinschaft anerkannt

werden, deshalb machen sie leere Versprechungen, die in der Tat ihren ersten Entscheidungen und Maßnahmen bereits widersprechen: Mädchen dürfen nicht mehr zur Schule, die meisten Frauen dürfen nicht mehr an ihren Arbeitsplätzen erscheinen. Noch trauen sich manche Frauen, auf den Straßen zu demonstrieren. Afghanische Journalisten und Medien werden verboten und verfolgt, und nur von Ausland kommende Medien sind noch bei den Taliban willkommen, um der Welt einen guten Eindruck von ihnen zu vermitteln. Angelogene Ortskräfte der westlichen Institutionen, die ihnen Schutz versprachen, sind zurückgelassen worden und verstecken sich. Ihre Namen stehen auf den Todeslisten der Taliban. Viele versuchen das Land zu verlassen, doch alle Grenzen sind jetzt gesperrt.

China und Russland sind jetzt an der Reihe, Afghanistan zu plündern und führen bereits Verhandlungen mit den Taliban. Die Europäische Union will dafür sorgen, dass keine afghanischen Flüchtlinge zu uns gelangen und ist wieder bereit, verbrecherische Regierungen und Länder der Umgebung dafür zu bezahlen.

Der Traum von einem sicheren Land ist für die afghanische Bevölkerung wieder zum Albtraum geworden.

Anna Tortajada
Berlin, September 2021

Anna Tortajada

Seit 1989 tätig im Auftrag mehrere Verlage als literarische Übersetzerin für eine Vielzahl deutscher Autoren ins Spanische und Katalanische. Gleichzeitig tätig im Bereich Drehbuch für Rundfunkanstalten, regelmäßige Veröffentlichungen von Zeitungsartikeln und Teilnahme an Fernseh- und Radioprogrammen.

Als Autorin seit 2000 Veröffentlichung von 25 Büchern (Kinder- und Jugendliteratur, historische Roman, Belletristik (überwiegend in Katalanisch, aber auch in Spanisch. Einige Bücher wurden in andere Sprachen übersetzt und in mehreren Ländern vermarktet.

In Katalonien intensive Arbeit an Schulen, Gymnasien und Bibliotheken zur Leseförderung, Leitung von Workshop sowie Halten von Vorträgen.

Im Februar 2001 erhielt sie die Medien-Sonderauszeichnung vom Institut für Menschenrechte des Katalanischen Parlaments. Seit Juli 2014 Wohnsitz in Berlin und Beginn des Schreibens von Texten auf Deutsch. 2016 Veröffentlichung ihrer Erzählung "Die Frau, die den Vögeln nachlief"; 2019 erscheint der Text "Liebeslügen", der als Cabaret 2017 uraufgeführt wurde; 2021 wird "Die liebenden Fremde" veröffentlicht.

Verlag Akademie der Abenteuer
neugierig • grenzenlos • unterhaltsam

Unser Verlagsname basiert auf den gleichnamigen Büchern des Autors Boris Pfeiffer. In dessen zeit- und welterforschender Reihe „Akademie der Abenteuer" sind es Reisen der Protagonisten in die Vergangenheit, die für viele LeserInnen ein Erlebnis geworden sind, Kinder und Erwachsene gleichermaßen.

Im *Verlag Akademie der Abenteuer* wird die Erforschung der Welt mit den Mitteln der Literatur fortgesetzt. AutorInnen und ZeichnerInnen, DichterInnen und MalerInnen arbeiten in der Akademie der Abenteuer zusammen.

Reisen in den Geist, erkenntnisreich, selbstbewusst, gut erzählt, sind der Kern des Verlagsprogramms.

Im *Verlag Akademie der Abenteuer* entstehen Bilderbücher, Kinderbücher, Kinderbuchreihen und Jugendliteratur. Wir veröffentlichen packend erzählte Gegenwartsliteratur. Weiteres Augenmerk legen wir auf Kunstbände, in denen Malerei und Dichtung neue Felder eröffnen. Zweisprachige Ausgaben und ungewöhnliche Blicke in die Welt, sowie Lehr- und Sachbücher runden unser Programm ab.

Mehr auf www.verlagakademie.de
www.verlagakademie.de

Uigurische Geschichten
wahre Begebenheiten

ISBN-13 (Print):   978-3-98530-062-4
ISBN-13 (Ebook): 978-3-98530-063-1

UIGURISCHE GESCHICHTEN - INGRID WIDIARTO

Angesichts der expansiven Wirtschaftspolitik Chinas und der immer wichtiger werdenden globalen Handelsbeziehungen bleibt die Frage der Menschenrechte oft weit zurück. Besonders die Uiguren, die im Nordwesten Chinas zu Hause sind, leiden schon seit vielen Jahren unter Diskriminierung und Unterdrückung und bangen um ihre Kultur und ethnische Identität. Die chinesische Regierung, die ihre repressive Politik stets mit dem Schutz der staatlichen Sicherheit begründete, hat in den vergangenen Jahren Druck und Überwachung noch drastisch verschärft und Hunderttausende von Uiguren und Angehörige anderer muslimischer Minderheiten in sog. Umerziehungslager gesperrt. Aber auch davor, als die Welt das Schicksal der Uiguren noch kaum zur Kenntnis nahm, kam es laufend zu erschreckenden Ungerechtigkeiten.

Die Geschichten in diesem Buch werfen einen Blick hinter die Kulissen. Sie begleiten einige Uiguren in ihrem täglichen Leben und lassen den Leser an ihren erschütternden Erlebnissen teilhaben.

Wie der Fluss in meinem Dorf
Erzählung

ISBN-13 (Print):   978-3-98530-075-4
ISBN-13 (Ebook): 978-3-98530-076-1

WIE DER FLUSS IN MEINEM DORF - NASRIN SIEGE

„Wenn du groß bist, werde ich dir von Libertalia erzählen. Wo du geboren wurdest, wo wir alle frei, gleich und wie Brüder zusammengelebt haben …"

Madagaskar gegen Ende des 17. Jahrhunderts. Die Piratenkapitäne Misson und Caraccioli versuchen – lange vor der Französischen Revolution – ihren Traum von Freiheit, Gleichheit und Brüderlichkeit zu verwirklichen und eine freie Republik zu gründen: Libertalia. Alle Menschen sollen hier die gleichen Rechte haben, alle Entscheidungen sollen gemeinsam getroffen werden. Während sie ihren neuen Staat aufbauen, unternehmen die Piraten immer wieder Beutezüge auf dem Meer und überfallen Sklavenschiffe. Die Befreiten haben die Wahl, ob sie in ihre Heimat zurückkehren oder sich Libertalia anschließen wollen. So wird eines Tages auch der junge Muro befreit, dessen afrikanisches Dorf von grausamen Sklavenjägern zerstört wurde. Durch seine Augen erleben wir die so aufregende wie kurze Geschichte der freien Republik Libertalia.

Kommissar Traudich - Gudrun Wiebke

... und das Schweigen des Stoppelfelds

"Ist es nicht so, dass jedem kriminalistischen Triumph das Versagen einer ganzen Welt vorausgeht?"
In Traudichs Augen standen Zweifel.
"Einer ganzen Welt?", fragte Anton vorsichtig zurück.

Immer wenn Traudich einen Fall abgeschlossen hatte, tat sich im Kommissar von Eiderstedt dieses Loch auf, in das er abzustürzen drohte. Und wenn Anton seinen Freund dann nicht stoppte, folgte die Selbstbezichtigung, weil genau dieses Versagen der ganzen Welt seinen komfortablen Lebensstandard sicherte.

Kommissar Traudich
Kriminalerzählung

ISBN (Print): 978-3-98530-012-9
ISBN (Ebook): 978-3-98530-013-6